AF253557

ÉBAUCHE

D'UN NOUVEAU PLAN
DE SOCIÉTÉ PATRIOTIQUE,

Adopté par le CLUB
DE MIL SEPT CENT QUATRE-VINGT-NEUF.

§. PREMIER.

Du but principal de la Société.

ART. 1. LE but principal que la Société se propose est de développer, de défendre & de propager
les principes d'une Constitution libre, & plus généralement de contribuer de toutes ses forces aux
progrès de l'*Art Social.* Souvent la chose publique
a retiré plus d'avantages des moyens particuliers
réunis par le seul esprit du patriotisme, que de
tant d'Administrateurs inutilement chargés par état
de voler à son secours.

§. I I.

*Des moyens par lesquels on se propose de marcher
à ce but.*

2. Le *nombre* & *l'emploi* des Associés sera
réglé comme il suit :

A

3. Le nombre des Membres de la Société ne sera fermé qu'à six cents. Il faut beaucoup de monde pour une semblable entreprise, & pour acquérir l'étendue d'influence qu'elle exige. On pourra même recevoir jusqu'à six cent soixante-six personnes, c'est-à-dire, un dixième en sus, pour remplacer ceux que la Société peut perdre, sans en être prévenue.

4. Ce qu'il faut entendre par l'emploi des Associés, s'éclaircira facilement dans les Articles qui suivent.

5. La Société entière se partagera en six Sections ou Comités, distincts par le genre de travail qui sera attribué à chacun d'eux.

6. Cette distribution sera volontaire de la part des Membres. Chacun s'inscrira librement pour la Section qui lui convient le mieux ; mais la Société fera en sorte, par des invitations amiables, qu'il y ait le nombre suffisant dans chaque Section.

7. On ne pourra changer pour passer d'une Section à l'autre, qu'à deux époques de l'année, savoir : au commencement de Novembre & au commencement de Mai.

8. Chaque Section, quel que soit le nombre des

Perſonnes qui la compoſeront , nommera dans ſon ſein neuf à douze Membres ſeulement , pour compoſer un *Directoire*.

9. Le choix du Directoire ne ſera que pour un an ; mais il ſera permis de continuer les mêmes Perſonnes.

10. On pourra cependant être choiſi pour un terme moins long que l'année entière. La Section aura ſoin, dans tous les cas, de pourvoir à ce que le Directoire ſoit toujours rempli , & en pleine activité.

11. Chaque Section ſe nommera avant tout un Préſident, qu'elle renouvellera tous les mois , & qui préſidera le Directoire , toutes les fois qu'il voudra y aſſiſter.

12. Chaque Directoire ſe choiſira en outre dans ſon ſein un Préſident particulier & un Secrétaire, & ces deux Officiers ſeront renouvelés tous les mois , à jour fixe & connu ; mais ils pourront être continués.

13. Le Secrétaire du Directoire ſera Dépoſitaire des Papiers. Le Préſident & le Secrétaire ſeuls pourront faire au Commiſſariat du Club des demandes en fournitures ; ſeuls ils pourront donner

4

des ordres aux Scribes , ou Commis du Directoire.

14. Les Directoires seront chargés de la suite du travail ; ils seront la véritable partie active des Sections : la Section entière ne se réservera que le conseil des travaux , elle en aura la partie délibérative.

15. Le local doit être disposé de manière à réunir au besoin les six Sections à-la-fois , sans nuire au service ordinaire.

16. Chaque Section tiendra ses Séances communes à volonté.

17. Il y aura Assemblée générale de la Société une fois par semaine ; savoir , tous les Dimanches à cinq heures du soir.

18. Les Sections y feront faire leur rapport du travail de la semaine. Il n'y aura pas d'autre Comité central que l'Assemblée générale.

19. Le travail général de la Société se partagera entre les six Sections , ainsi qu'il suit. On observe que l'ordre dans lequel on va les classer, n'établit aucune distinction, aucun rang entr'elles.

20. PREMIÈRE SECTION. *Des Principes de l'Art*

Social. Elle s'occupera de pénétrer de plus en plus dans les vérités utiles, & de les défendre avec courage par la voie de l'impreſſion : ſes Séances feront des Séances de diſcuſſion.

21. SECONDE SECTION. *Du Journal* (1). Elle s'occupera plus particuliérement des moyens de propager les bons principes ; elle réglera l'emploi des différentes pièces que chaque Comité pourra lui envoyer ; enfin, elle ſuivra tout ce qui concerne le courant du Journal, & des autres impreſſions qui pourroient être décidées. Ses Séances habituelles feront des Séances de rédaction. Ce fera peut-être une vue pratiquable, que d'avoir une imprimerie appartenante à la Société.

22. TROISIÈME SECTION. *De la Correſpondance françoiſe.* Elle aura pour objet de former dans les principales villes du Royaume, & au moins dans chaque nouveau Département, un *Comité d'Aſſociation,* avec le même but que celui de la Société-Mère ; d'entretenir avec ces Comités une correſ-

____

(1) La Société ne trouvera pas mauvais que les Membres entreprennent ſéparément, & pour leur compte particulier, un Journal, ſi cela leur convient.

pondance active ; enfin, de se concerter utilement avec eux , pour écarter tous les obstacles qu'on pourroit vouloir opposer, dans différens lieux , à l'établissement de la nouvelle Constitution.

23. QUATRIÈME SECTION. *Correspondance étrangère.* Formation de Comités de Correspondance , par - tout où cela sera possible & utile ; aide & secours pour recouvrer la liberté ; traduction dans toutes les langues , des bons principes , &c. &c.

24. CINQUIÈME SECTION. *D'information exacte.* Son objet principal sera d'éclairer la Société sur les opérations de tous les Gouvernemens; d'explorer, en bons Citoyens, les tentatives contraires aux Droits de l'Homme ; de chercher à faire réformer les abus, & corriger les erreurs politiques, &c. &c.

25. SIXIÈME SECTION. *D'encouragemens.* Elle se tiendra au courant des ouvrages , des essais & des inventions utiles aux progrès de l'Art social ; elle proposera même, avec l'agrément de l'Assemblée, des *Prix d'émulation ,* &c. &c.

7

§. III.

De la manière de composer la Société, & d'en renouveler les Membres.

26. On peut adopter une forme de ſcrutin ſi prompte, & en même temps ſi ſûre & ſi commode, qu'elle pourra ſervir, ſoit à former le premier fonds de la Société, ſoit à la compléter, ſoit enfin à en renouveler les Membres.

27. Pour procéder à ce nouveau ſcrutin, on commencera par *numéroter* les noms des préſentés ; enſuite, quelqu'un ſe placera au milieu de la ſalle, & prononcera à haute voix tous les noms l'un après l'autre, avec le n°. qui y eſt joint. Les Membres de la Société, aſſis tout au tour, & tenant dans leur chapeau une feuille de papier, écriront ſur ce papier le n°. ſeulement des perſonnes qu'ils n'auront pas envie d'admettre. Tous ces billets pliés, ſeront jetés dans une boîte : alors, les Officiers nommés à cet effet ſe retireront dans un cabinet, pour faire le recenſement, qui ne ſera pas plus difficile ; il conſiſtera à faire une marque ſur la liſte des préſentés, à côté des numéros, autant de fois qu'ils ſeront écrits ſur ces billets.

28. On ſent fort bien que ſi un numéro étoit écrit

A 4

deux fois fur le même billet, ce billet feroit nul. On peut, pour la première préfentation fur-tout, fe contenter de ce fcrutin, & convenir feulement qu'une perfonne ne fera rejetée qu'autant que fon n°. fe trouvera écrit un nombre de fois égal au quart des membres votants.

29. Pour l'avenir, on pourra perfectionner ce fcrutin, en ayant égard, tant aux votes d'*admiffion*, qu'à ceux de réjection, & en balançant les uns par les autres, dans une proportion réglée ; il faudra pour cela faire deux colonnes fur fon billet, & écrire les numéros, tant de ceux qu'on veut pofitivement admettre, que de ceux qu'on veut refufer.

30. Il fera convenu, 1°. que fept votes de réjection fuffiront pour refufer un candidat, quel que foit d'ailleurs le nombre des votes d'admiffion qu'il aura pû réunir ; 2°. lorfque la totalité des votes de réjection fera au-deffous de fept, il faudra encore, pour qu'un candidat foit admis, qu'il ait en fa faveur dix fois plus de votes d'admiffion que de votes de rejection. Ainfi, par exemple, celui qui aura fix votes noirs, ne fera reçu qu'autant qu'il aura foixante votes blancs ; celui qui n'aura qu'un vote noir, ne fera reçu qu'autant

qu'il aura au moins dix votes blancs; de sorte qu'en principe général, dix votes d'admission effaceront un vote de réjection, & qu'on sera censé, au moins fictivement, n'être reçu qu'autant qu'il ne restera plus un seul vote de réjection.

31. Tant que le nombre des associés ne sera pas complet, il y aura deux scrutins par mois ; savoir, le 1er. & le 15.

32. Il seroit convenable de régler qu'on ne pourra scrutiner que dans les mois d'hiver, depuis novembre jusqu'à juin inclusivement.

33. Pour la première composition de la société, chaque fondateur sera invité à présenter dix personnes qui essuieront néanmoins le premier des deux scrutins ci-dessus.

34. Après la première composition de la société, on pourra régler que les noms des candidats que chaque Membre aura envie de proposer, seront présentés aux Commissaires, qui ne pourront les mettre sur le tableau des éligibles qu'après en être convenus entr'eux à la simple pluralité.

35. Le tableau des éligibles sera numéroté & exposé quinze jours avant le scrutin ; c'est-à-dire que les 1er. & 15 de chaque mois, jours de

ſcrutin, le nouveau tableau pour la quinzaine
ſuivante ſera expoſé immédiatement après la pro-
clamation du réſultat du ſcrutin du jour.

36. Le tableau des éligibles qui aura été expoſé
le 1er. du mois, ſera fermé le 5 par la ſignature
de trois Commiſſaires ; celui qui aura été expoſé
le 15, ſera fermé le 20, de ſorte qu'il y aura
toujours au moins dix jours d'intervalle, entre
l'inſcription du dernier candidat, & le jour de
ſon ſcrutin,

37. Il eſt d'une bonne vue de donner au plus
grand nombre poſſible de Membres, la facilité de
prendre part aux ſcrutins, afin qu'ils ſoient d'autant mieux le réſultat de la volonté générale : en
conſéquence on pourroit régler que chaque ſcrutin
ſe fera en quatre parties ; ſavoir, au premier &
au ſecond jour, au 15 & au 16 de chaque mois,
de manière que le ſcrutin commencé le matin
du 1er. du mois, par exemple, depuis onze heures
juſqu'à midi, ſera r'ouvert le ſoir pour ceux qui
n'ont pas pu ſe préſenter le matin ; ce même ſcrutin
continueroit le lendemain matin, & ne ſe ter-
mineroit que le ſoir ; alors ſeulement on feroit le
recenſement. Pour prévenir tous les abus, il ſuffiroit
que les feuilles de papier remiſes aux Membres

fuſſent ſignées par un Commiſſaire, & qu'en re-
cevant ſa feuille, chaque membre s'inſcrivît ou
fût inſcrit par un Commiſſaire : on connoîtroit
par là le nombre des feuilles données, & ceux
qui ont reçu la leur. Il faudroit encore que la
boîte du ſcrutin fût fermée à clef, & qu'on ne
pût en rien tirer juſqu'au moment du recenſement.

38. On invite les membres de la ſociété à vouloir
bien ne pas ſe permettre de préſenter des hommes
qui ſeroient ſuſpects dans leur doctrine ou leurs
ſentimens patriotiques, ni même des hommes qui
pourroient, par une réputation bien ou mal mé-
ritée, nuire à l'influence utile de la ſociété.

§. I V.

Du but ſecondaire de la ſociété.

39. La ſociété ſe propoſe de réunir, dans le lieu de
ſes Aſſemblées, tous les agrémens & tous les avantages qu'on peut ſe promettre de l'inſtitution des
Clubs ordinaires.

40. Son premier ſoin ſera de ſe choiſir un local
convenable au Palais Royal, ou le plus près poſſible de ce centre habituel des affaires. Il ſemble
qu'une maiſon entière peut ſeule ſuffire aux différens objets que la ſociété ſe propoſe, & d'ailleurs
répondra mieux à l'eſprit de ſon inſtitution.

41. Le mobilier doit être commode, de bon goût, mais simple.

42. Le service de la société sera composé d'un concierge, de deux frotteurs, d'un garçon de bibliothèque, pour avoir soin des livres, journaux, papiers, &c. Il y aura de plus un portier, si le Club occupe une maison entière.

43. Une maison entière procurera au Club la facilité de donner à son rez-de-chaussée un logement gratuit à un Cuisinier, à la charge de se munir de provisions saines & choisies, en vins, liqueurs, café, &c. Ce Cuisinier aura la liberté d'envoyer en ville : mais, en dedans, il ne pourra donner à manger qu'aux Membres de la Société, ou aux hommes de leur connoissance, que les Membres de la Société meneroient dîner avec eux ; &, pour ce dernier cas, il y aura une ou deux pièces exclusivement destinées au mélange des étrangers avec les Membres du Club. Les autres pièces qui auront été désignées pour servir de salles à manger, ne seront que pour les Membres du Club. Au surplus, il sera convenu avec ce Cuisinier, d'un *prix fait* pour les tables de 8, 12 & 18 personnes, à *tant* par tête ; les Membres du Club qui demanderont à dîner séparément, ou avec des étran-

gers, feront un arrangement particulier, pour ces cas-là feulement.

44. Pour compofer les tables dont il eft parlé à l'article précédent , ceux qui voudront dîner ou fouper, tel jour, au Club, écriront leur propofi-tion & leur nom, fur une feuille de papier, où d'autres pourront s'infcrire jufqu'à concurrence du nombre fixé. On aura foin de marquer fur cette feuille la pièce qu'on voudra retenir, afin qu'il n'y ait jamais des mal-entendus pour les falles.

45. Le Club aura pour les détails de fon adminif-tration intérieure, pour la direction des dépenfes, pour la police ordinaire du local & du fervice, &c. un Comité particulier, ou *Commiffariat*.

46. Les Commiffaires feront au nombre de 24, & choifis par les fections de travail; favoir, quatre par fection; ils feront renouvelés par moitié , tous les ans au commencement de Mai.

47. Les 24 Commiffaires choifiront entre eux cinq à fix Membres pour former le Directoire parti-culier ou le Bureau actif du Commiffariat. La to-talité des Commiffaires fe réfervera le Confeil ou la partie délibérative fur toutes les affaires géné-rales, ou qui pourront avoir de l'importance ; en

conféquence, il y aura de temps en temps Affemblée générale des Commiffaires.

48. Les Commiffaires nommeront en outre, parmi eux, deux Tréforiers pour l'année ; l'un pour la recette, & l'autre pour la dépenfe. Il y aura un compte rendu tous les ans par les Commiffaires, à une Affemblée générale de la Société, & ce compte fera affiché dans la principale falle, pendant un mois.

49. La cotifation des Membres de la Société fera de trois louis par année, elle fera exigible au mois de Décembre pour l'année fuivante. Chaque Membre actuel & futur paiera de plus, mais une fois feulement, pour deniers d'entrée, deux louis.

50. Les étrennes pour le fervice pourront être de 12 livres : l'expérience prouve qu'il vaut mieux employer à cet égard la forme des Etrennes, que de donner des gages fixes. Le partage des étrennes fe fera entre le Concierge, le Garçon de Bibliothèque, les deux Frotteurs & le Portier, de manière que le Concierge ait pour fa part deux fixièmes, & les quatre autres, chacun un fixième. Il ne fera pas permis au Concierge de recevoir plus de 12 livres d'étrennes de la part des Membres ordinaires, & de 6 liv. de la part des Mem-

bres des Sociétés de Provinces, ou étrangers, qui auront droit d'entrée au Club, ainsi qu'il va être dit dans les articles suivans.

§. V.

Des relations du Club de 1789 avec les autres Sociétés patriotiques, tant de Paris que des Provinces & de l'Etranger.

51. Les Membres des Sociétés, tant de l'Etranger que des Provinces, qui correspondront avec le Club de 1789, pourront, lorsqu'ils feront momentanément à Paris, être présentés par un Membre, ou se présenter d'eux-mêmes aux Commissaires du Club, qui inscriront leur nom sur un tableau particulier, & ils feront invités à fréquenter le Club, durant tout le séjour qu'ils feront à Paris.

52. Les Sociétés patriotiques qui se font déja établies, ou s'établiront par la suite à Paris, dans le même esprit que le Club de 1789, feront invitées à se réunir fraternellement trois ou quatre fois l'année pour célébrer en commun la fête de la Révolution, de la Constitution, &c.

53. Les époques de ces fêtes, la forme à leur donner, le choix du local, la direction de la dépense,

& généralement tout ce qui les concerne, sera réglé par un *Comité commun* formé un mois auparavant, par les Sociétés qui fraterniferont enfemble. A cet effet, chaque Société nommera un Député par 200 Membres, & ces Députés réunis compoferont le Comité commun.

54. Les frais de ces fêtes feront répartis fur les Sociétés unies, à raifon du nombre des Membres de chaque Société : d'où il ne faut pas inférer que les Membres des Sociétés unies feront impofés extraordinairement pour acquitter ces frais. Il eft naturel & convenable que ce foit la caiffe commune de chaque Club, qui fupporte cette dépenfe. Les Membres ne doivent être appelés auxiliairement qu'autant que la caiffe feroit vuide ou infuffifante. Au furplus, il eft aifé de prévoir qu'un jour viendra où les fonds de caiffe permettront de donner à ces fêtes un éclat digne de l'intérêt qu'elles doivent infpirer.

E. F. S.

A PARIS, DE L'IMPRIMERIE NATIONALE.

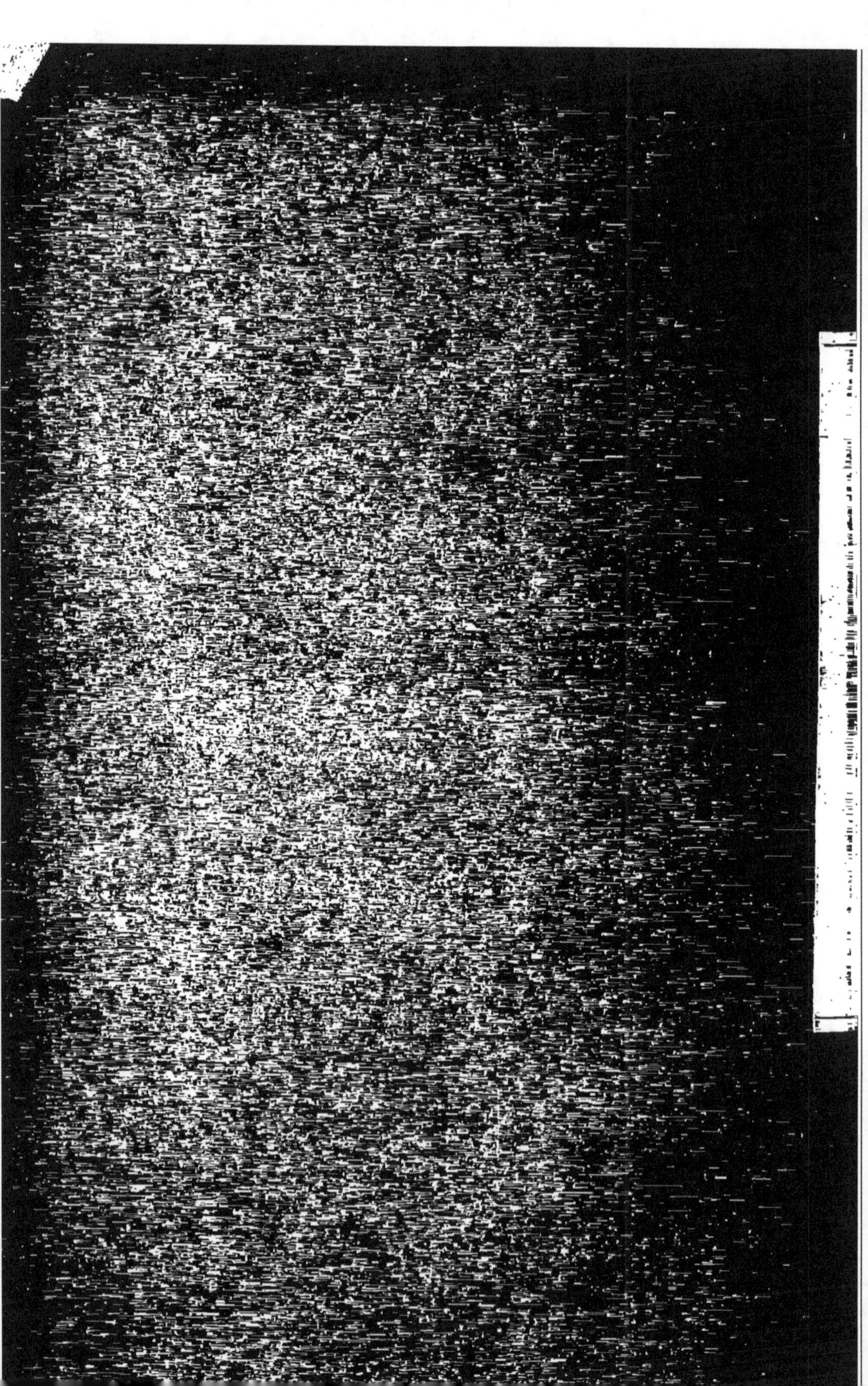